O LIVRO DAS SEMELHANÇAS

ANA MARTINS MARQUES

# O livro das semelhanças

*12ª reimpressão*

Copyright © 2015 by Ana Martins Marques

*Grafia atualizada segundo o Acordo Ortográfico da Língua Portuguesa de 1990, que entrou em vigor no Brasil em 2009.*

*Capa*
Kiko Farkas/ Máquina Estúdio

*Preparação*
Silvia Massimini Felix

*Revisão*
Jane Pessoa
Angela das Neves

Dados Internacionais de Catalogação na Publicação (CIP)
(Câmara Brasileira do Livro, SP, Brasil)

Marques, Ana Martins
    O livro das semelhanças / Ana Martins Marques. — 1ª ed.
— São Paulo : Companhia das Letras, 2015.

ISBN 978-85-359-2619-4

1. Poesia brasileira I. Título.

15-05240                                                        CDD-869.1

Índice para catálogo sistemático:
1. Poesia : Literatura brasileira 869.1

Todos os direitos desta edição reservados à
EDITORA SCHWARCZ S.A.
Rua Bandeira Paulista, 702, cj. 32
04532-002 — São Paulo — SP
Telefone: (11) 3707-3500
www.companhiadasletras.com.br
www.blogdacompanhia.com.br
facebook.com/companhiadasletras
instagram.com/companhiadasletras
twitter.com/cialetras

# Sumário

Ideias para um livro,  9

LIVRO
Capa,  13
Nome do autor,  14
Título,  15
Dedicatória,  16
Epígrafe,  17
Primeiro poema,  18
Segundo poema,  19
Acidente,  20
O encontro,  21
Tradução,  22
Papel de seda,  23
Não sei fazer poemas sobre gatos,  24
Boa ideia para um poema,  25
Esconderijo,  26
Poema de verão,  27
Poemas reunidos,  28
Último poema,  29
Índice remissivo,  30
Colofão,  32
Contracapa,  33

CARTOGRAFIAS

*E então você chegou...*, 37
*Você fez questão...*, 38
*Você assinala no mapa...*, 39
*Combinamos por fim de nos encontrar...*, 40
*Rasguei um pedaço do mapa...*, 41
*Sempre acabo tomando o caminho errado...*, 42
*Não sei viajar não tenho disposição não tenho coragem...*, 43
*Viajo olhando pela janela do ônibus...*, 44
*Abro o mapa na chuva...*, 45
*Quando enfim...*, 47

VISITAS AO LUGAR-COMUM

O LIVRO DAS SEMELHANÇAS

*Podemos atear fogo...*, 59
*As casas pertencem aos vizinhos...*, 60
*Aqueles que só conheceram o mar pelo rumor que faz um livro...*, 61
*Pintores que pintam apenas títulos de quadros...*, 62
*É mais difícil esconder um cavalo do que a palavra cavalo...*, 63
*É chegado o afastamento...*, 64
*Ainda é tarde...*, 65
*Estou no dia de hoje como num cavalo...*, 66
*É bom lembrar lembranças dos outros...*, 68
*Pense em quantos anos foram necessários para chegarmos a este ano...*, 70
*O passado anda atrás de nós...*, 71
*Há estes dias em que pressentimos na casa...*, 72
*E no entanto...*, 73

*Aqui ao contrário do que se passa em certos filmes...*, 74

Senha e contrassenha, 75

A imagem e a realidade, 76

Amor não feito, 77

Minas, 78

O que eu levo nos bolsos, 79

Mar, 80

O que eu sei, 82

Centauro, 83

Sereia, 84

Ícaro, 85

Fala, 86

Museu, 87

Coleção, 89

O livro das semelhanças, 90

Faca, 93

Um dia, 94

O beijo, 96

Poema não de amor, 97

Aparador, 99

Tenho quebrado copos, 101

Três vezes tu, 103

Uma caminhada noturna, 104

O que já se disse do amor, 107

Poema de trás para frente, 108

# Ideias para um livro

I
Uma antologia de poemas escritos
por personagens de romance

II
Uma antologia de poemas-
-epitáfios

III
Uma antologia de poemas que citem
o nome dos poetas que os escreveram

IV
Uma antologia de poemas
que atendam às condições II e III

V
Um livro de poemas
que sejam ideias para livros de poemas

VI
Este livro
de poemas

LIVRO

# Capa

Um biombo
entre o mundo
e o livro

# Nome do autor

Impresso
como parece estranho
o mesmo nome
com que te chamam

# Título

Suspenso
sobre o livro
como um lustre
num teatro

# Dedicatória

Ainda que não te fossem dedicadas
todas as palavras nos livros
pareciam escritas para você

# Epígrafe

Octavio Paz escreveu:
"A palavra pão, tocada pela palavra dia,
torna-se efetivamente um astro; e o sol,
por sua vez, torna-se alimento
luminoso"

Paul de Man escreveu:
"Ninguém em seu perfeito juízo ficará à espera
de que as uvas em sua videira amadureçam
sob a luminosidade
da palavra dia"

# Primeiro poema

O primeiro verso é o mais difícil
o leitor está à porta
não sabe ainda se entra
ou só espia
se se lança ao livro
ou finalmente encara
o dia

o dia: contas a pagar
correspondência atrasada
congestionamentos
xícaras sujas

aqui ao menos não encontrarás,
leitor,
xícaras sujas

# Segundo poema

*para Paulo Henriques Britto*

Agora supostamente é mais fácil
o pior já passou; já começamos
basta manter a máquina girando
pregar os olhos do leitor na página

como botões numa camisa ou um peixe
preso ao anzol, arrastando consigo
a embarcação que é este livro
torcendo pra que ele não o deixe

pra isso só contamos com palavras
estas mesmas que usamos todo dia
como uma mesa um prego uma bacia

escada que depois deitamos fora
aqui elas são tudo o que nos resta
e só com elas contamos agora

# Acidente

Escrevi este poema no último dia
depois disso não nos vimos mais
a princípio trocamos telefonemas
em que você sempre parecia estar prestes a perder
                                        [o trem
enquanto eu sempre parecia ter acabado de perdê-lo
escrevi este poema depois do primeiro telefonema
você falava sobre vistos e repartições
e sobre como para conseguir um documento
                        [sempre é necessário um outro
que no entanto só se pode obter de posse daquele
eu falava sobre as noites perdidas na companhia de
                                        [alguém
que nunca era você
depois aos poucos você deixou de ligar
escrevi este poema no segundo domingo
em que você de novo não telefonou
ao redor do poema como em volta de um acidente
juntou-se muita gente
para ver o que era

# O encontro

Combinamos de nos encontrar num livro
na página 20, linhas 12 e 13, ali onde se diz que
*privar-se de alguma coisa*
*também tem seu perfume e sua energia*

combinamos de nos encontrar num mapa
depois da terceira dobra
entre as manchas de umidade
e a cidade circulada de azul

combinamos de nos encontrar
na primeira carta
entre a frase estúpida em que reclamo da falta de
[dinheiro
e a única palavra escrita à mão

combinamos de nos encontrar
no jornal do dia, em algum lugar
entre os acidentes de automóveis
e as taxas de câmbio

combinamos de nos encontrar
neste poema, na última palavra
da segunda linha
da segunda estrofe de baixo para cima

# Tradução

Este poema
em outra língua
seria outro poema

um relógio atrasado
que marca a hora certa
de algum outro lugar

uma criança que inventa
uma língua só para falar
com outra criança

uma casa de montanha
reconstruída sobre a praia
corroída pouco a pouco pela presença do mar

o importante é que
num determinado ponto
os poemas fiquem emparelhados

como em certos problemas de física
de velhos livros escolares

# Papel de seda

Houve um tempo em que se usava
nos livros
papel de seda para separar
as palavras e as imagens
receavam talvez que as palavras
pudessem ser tomadas pelos desenhos
que eram
receavam talvez que os desenhos
pudessem ser entendidos como as palavras
que eram
receavam a comunhão universal
dos traços
receavam que as palavras e as imagens
não fossem vistas como rivais
que são
mas como iguais
que são
receavam o atrito entre texto
e ilustração
receavam que lêssemos tudo
os sulcos no papel e as pregas das saias
das mocinhas retratadas
as linhas da paisagem e o contorno das casas
eu receava rasgar o papel de seda
erótico como roupa íntima

# Não sei fazer poemas sobre gatos

*Não sei gatografia.*
Ana Cristina Cesar

Não sei fazer poemas sobre gatos
se tento logo fogem
furtivas
as palavras
soltam-se ou
saltam
não capturam do gato
nem a cauda
sobre a mesa
quieta e quente
a folha recém-impressa
página branca com manchas negras:
eis o meu poema sobre gatos

# Boa ideia para um poema

Anotei uma frase num caderno
encontrei-a algum tempo depois
pareceu-me uma boa ideia para um poema
escrevi-o rapidamente
o que é raro
logo depois me ocorreu que a frase anotada no
[caderno
parecia uma citação
pensei me lembrar que a copiara de um poema
pensei me lembrar que lera o poema numa revista
procurei em todas as revistas
são muitas
não encontrei
pensei: se eu não tivesse me lembrado de que a
[frase não era minha
ela seria minha?
pensei: se eu me lembrasse onde li todas as frases
[que escrevi
alguma seria minha?
pensei: é um plágio se ninguém nota?
pensei: devo livrar-me do poema?
pensei: é um poema tão bom assim?
pensei: palavras trocam de pele, tanto roubei por
[amor, em quantos e quantos livros já li
histórias sobre nós dois
pensei: nem era um poema tão bom assim

# Esconderijo

*Involuntariamente plagiado do poema "Os vivos devem ultrapassar os mortos", de Robert Bringhurst, em tradução de Virna Teixeira publicada no número 17 da revista* Inimigo Rumor.

Estas são palavras que eu não
deveria dizer

palavras que ninguém
devia ouvir

que elas permanecessem no silêncio
de onde vêm

no fundo escuro da língua
cheio de doçura e ruídos

com o ranço informulado
dos segredos

por via das dúvidas escondi-as aqui
neste poema
onde ninguém as vai encontrar

# Poema de verão

Você está sob a luz
de certos poemas cheios de sol
sua mão faz sombra sobre a página
encobrindo algumas palavras
a palavra menina agora está à sombra
a palavra retângulo
a palavra brinquedo
as outras palavras ficam pairando
no poema como partículas de poeira
brilhando na luz
você gostaria de escrever poemas assim
em que se encontrasse de repente
o esqueleto alvo de um animal pequeno
ou em que um jovem casal dormisse
dentro de uma picape vermelha
ou ao menos em que houvesse uma raposa
vinho de maçã, cadeiras desdobráveis
e onde as cervejas fossem postas para esfriar
dentro de um rio
você gostaria de escrever um poema
em que acontecessem tantas coisas
e as palavras vibrassem um pouco
num acordo tácito
com as coisas vivas
em vez disso você escreve este

# Poemas reunidos

Sempre gostei dos livros
chamados poemas reunidos
pela ideia de festa ou de quermesse
como se os poemas se encontrassem
como parentes distantes
um pouco entediados
em volta de uma mesa
como ex-colegas de colégio
como amigas antigas para jogar cartas
como combatentes
numa arena
galos de briga
cavalos de corrida ou
boxeadores num ringue
como ministros de estado
numa cúpula
ou escolares em excursão
como amantes secretos
num quarto de hotel
às seis da tarde
enquanto sem alegria apagam-se as flores do papel
[de parede

# Último poema

Agora deixa o livro
volta os olhos
para a janela
a cidade
a rua
o chão
o corpo mais próximo
tuas próprias mãos:
aí também
se lê

# Índice remissivo

abismo, *41, 52*
barco, *74*
beijo, *63, 77, 96, 107*

cão, *71, 77, 83, 91, 104*
casa, *22, 23, 53, 55, 59, 60, 61, 68, 72, 77, 91, 105*
coração, *44, 93, 94*

desejo, *39, 61, 63, 64, 77, 106*
faca, *65, 93*
festa, *28*

laranja, *43, 93*
língua, *22, 26, 51, 67, 70, 90, 96, 106*
lugar, *21, 22, 37, 39, 47, 49, 53, 98, 105*

mão, *21, 27, 29, 42, 44, 53, 68, 86, 90, 101, 102, 103, 104*
mar, *22, 45, 46, 61, 66, 70, 78, 80, 81, 82, 85, 105*
memória, *59, 66, 69, 89, 99, 108*

noite, *20, 44, 47, 56, 68, 94, 102, 103, 104*
praia, *22, 54, 70, 77, 78, 79, 85, 105*
pressa, *39, 86*

relógio, *22, 54*
rua, *29, 40, 43, 59, 61, 87, 104*
rumor, *61*

sereia, *66, 84, 85*
sexo, *104*
silêncio, *26, 51, 56, 78, 89*

táxi, *52, 90*
teatro, *15, 52, 66*
tempo, *23, 25, 46, 68, 69, 72, 75, 80, 82, 89, 97*

verão, *27, 70, 86*
vestido, *53, 74, 87, 103*
vulcão, *46, 71*

e todas as pequenas coisas entre as palavras
que não se encontram nos índices

# Colofão

(Como parece diferente,
leitor,
este livro
agora que já não estás)

# Contracapa

Um biombo
entre o livro
e o mundo

CARTOGRAFIAS

E então você chegou
como quem deixa cair
sobre um mapa
esquecido aberto sobre a mesa
um pouco de café uma gota de mel
cinzas de cigarro
preenchendo
por descuido
um qualquer lugar até então
deserto

Você fez questão
de dobrar o mapa
de modo que nossas cidades
distantes uma da outra
exatos 1720 km
fizessem subitamente
fronteira

Você assinala no mapa
o lugar prometido do encontro
para o qual no dia seguinte me dirijo
com apenas café preto o bilhete só de ida do metrô
[a pressa feroz do desejo
deixando no entanto esquecido sobre a mesa o
[mapa que me levaria
onde?

Combinamos por fim de nos encontrar
na esquina das nossas ruas
que não se cruzam

Rasguei um pedaço do mapa
de modo que o Grand Canyon continua
na minha mesa de trabalho
onde o mapa repousa

desde então minha mesa de trabalho
termina subitamente num abismo

Sempre acabo tomando o caminho errado
que falta me faz um mapa
que me levasse pela mão

Não sei viajar não tenho disposição não tenho
[coragem

mas posso esquecer uma laranja sobre o México
desenhar um veleiro sobre a Índia
pintar as ilhas de Cabo Verde uma a uma
como se fossem unhas
duplicar a África com um espelho
criar sobre o Atlântico um círculo de água
pousando sobre ele meu copo de cerveja
circunscrever a Islândia com meu anel de noivado
ou ocultar o Sri Lanka depositando sobre ele
uma moeda média
visitar os nomes das cidades
levar o mundo a passeio
por ruas conhecidas
abrir o mapa numa esquina, como se o consultasse
apenas para que tome
algum sol

Viajo olhando pela janela do ônibus
em busca das linhas vermelhas das fronteiras
ou dos nomes luminosos das cidades
pairando sobre elas
como nos mapas
neles não ventava nem chovia
e nunca era noite
e eu passava horas estudando
todos os caminhos que me levariam até você
mas nos mapas eu nunca te encontrava
chego em duas ou três horas
o coração no peito como um pão
ainda quente na mochila
talvez você me espere na rodoviária
talvez eu te veja ainda antes de descer do ônibus
assim que descer vou entregar nas suas mãos
emboladas num novelo
as linhas desfeitas das fronteiras e
como as contas luminosas de um colar
cada um dos nomes das cidades

Abro o mapa na chuva
para ver
pouco a pouco
diluírem-se as fronteiras
as cidades borradas
diminuem de distância
as cores confundidas
nem parecem mais aleatórias
perderam aquele modo abrupto
com que as cores mudam nos mapas
agora há um grande lago
onde antes havia uma cordilheira
o mar não é mais molhado
do que o deserto logo ao lado

Deixo depois o mapa
para secar ao sol
sobre a grama do jardim
mais rápidas do que aviões
as formigas atravessam
de um continente a outro
uma lagarta riscada
apossou-se das Coreias
agora unificadas
um tapete de folhas

cobre o mar Egeu
e o rastro de uma lesma umedeceu
o Atacama
uma formiga enamorou-se
de um vulcão
exatamente do seu tamanho
um dos polos
ficou à sombra
e resfriou-se mais que o outro
de longe não sei se são moscas
ou os nomes das cidades

Penso que se deixasse o mapa aí
tempo o bastante
em algum momento surgiria
quem sabe
um pequeno inseto novo
com esse dom que têm os bichos
e as pedras e as flores e as folhas
de imitarem-se
uns aos outros
um pequeno inseto novo
eu dizia
um novo besouro talvez
que trouxesse desenhado nas costas
o arquipélago de Cabo Verde
ou as finas linhas das fronteiras
entre a Argélia e a Tunísia

Quando enfim
fechássemos o mapa
o mundo se dobraria sobre si mesmo
e o meio-dia
recostado sobre a meia-noite
iluminaria os lugares
mais secretos

VISITAS AO LUGAR-COMUM

1

Quebrar o silêncio
e depois recolher
os pedaços
testar-lhes o corte
o brilho
cego


2

Pagar para ver
e receber
em troca
vistas parciais
uns cobres
de paisagem


3

Dobrar a língua
e ao desdobrá-la
deixar cair

uma a uma
palavras
não ditas


4

Perder a hora
e encontrá-la depois
num intervalo
de teatro
nos cantos empoeirados
do domingo
entre um telefonema e outro
dentro do táxi


5

Dar à luz
e então sondar
num átimo
de abismo
— como um espeleólogo
um cosmólogo
um cenógrafo
um guarda-noturno —
a própria
escuridão

6

Perder a cabeça
e então buscá-la
nos últimos lugares
onde esteve
dentro da touca
de banho
sobre o travesseiro
entre os joelhos
entre as mãos
na casa demolida
da infância
sobre suas coxas
mornas
ainda


7

Tirar fotografias
e depois devolvê-las
àqueles de quem as tiramos
à mulher fora de foco
em seu vestido violeta
à casa de janelas verdes
às paisagens
tomadas emprestadas
à casca
de cada coisa

aos vários ângulos
da Torre Eiffel
ao cachorro morto
na praia


8

Cortar relações
e depois voltar-se
verificar se o que restou
suporta
remendo
demorar-se
sobre a cicatriz
do corte


9

Esperar horas a fio
e então desvencilhar-se
das coisas tecidas na espera
dos ponteiros do relógio
cada um mais lento que o outro
dos pelo menos dez cigarros
das poltronas de mogno
uma delas
vazia

10

Amar
profundamente
mas testar
volta e meia
se ainda
dá pé


11

Correr riscos
e ao fim
arfante
da corrida
voltar-se
para avaliar
o traçado


12

Chegar em cima da hora
e espiar
de relance
como quem levanta o tapete
em casa alheia
o que ficou
por baixo

13

Esperar junto àqueles
que caíram em si
que caíram na risada
que caíram no ridículo
que caíram do cavalo
que caíram das nuvens
que a noite
caia


14

Quebrar promessas
e ao recolher os cacos
discerni-los
entre aqueles
do silêncio
quebrado

O LIVRO DAS SEMELHANÇAS

Podemos atear fogo
à memória da casa
desaprender um idioma
palavra por palavra
podemos esquecer uma cidade
suas ruas pontes armarinhos
armazéns guindastes teleféricos
e se ela tiver um rio
podemos esquecer o rio
mesmo contra a correnteza
mas não podemos proteger com o corpo
um outro corpo do envelhecimento
lançando-nos sobre a lembrança dele

As casas pertencem aos vizinhos
os países, aos estrangeiros
os filhos são das mulheres
que não quiseram filhos
as viagens são daqueles
que nunca deixaram sua aldeia
como as fotografias por direito pertencem
aos que não saíram na fotografia
— é dos solitários o amor

Aqueles que só conheceram o mar pelo rumor que
[faz um livro
quando tomba
os que só sabem da floresta o que ensina o farfalhar
[das páginas
os que veem o mundo como um grande volume
[ilustrado
no entanto sem legendas sem índices remissivos
[sem notas explicativas
os que conhecem as cidades apenas pelo nome
e acham que cabem no nome muitas coisas
inclusive certas ruas vazias de madrugada
as casas prestes a serem demolidas
os mesmos talvez que pensam que um corpo pesa
[tanto
na cama quanto no pensamento
aqueles como nós para quem o desejo
não é prenúncio mas já a aventura
os que se reconhecem na tristeza
das piscinas vazias à beira-mar

Pintores que pintam apenas títulos de quadros
fotógrafos que só fotografam fotografias
atores com seus figurinos de palavras
com sua maquiagem de palavras
num cenário de palavras
viajantes de mapas, turistas de nomes de cidades
enamorados de nomes de homens
enamorados de nomes de mulheres
pais de nomes de crianças
até que seus próprios nomes morrem nas campas

É mais difícil esconder um cavalo do que a palavra
                                        [cavalo
É mais fácil se livrar de um piano do que de um
                                        [sentimento
Posso tocar o seu corpo mas não o seu nome
É possível terminar uma frase com um beijo assim
                                    [como é possível
encerrar subitamente uma dança com uma palavra
seria preciso então entender o beijo como um
                                    [elemento gramatical
acrescentar as palavras entre os movimentos básicos
                                    [da dança
Quanto do desejo mora
na palavra desejo?

É chegado o afastamento

Pela força do desejo
o longínquo
aproxima-se um instante
até que a proximidade
recua
o próximo distancia-se
e pouco a pouco
avizinha-se a distância

Tão cedo era tarde demais

Ainda é tarde
para saber

Ainda há facas
cruas demais para o corte

Ainda há música
no intervalo entre as canções

Escuta:
é música ainda

Ainda há cinzas
por dizer

Estou no dia de hoje como num cavalo
você está nas suas roupas como num navio
estamos na cidade como num teatro numa floresta
                                        [na água
a tarde de terça é uma feira de bairro
nos encontramos quase por descuido
à mesa do café com sua toalha xadrez
de frente para o cinema contínuo do mar
no vagão deste mês setembro sereia sinuosa
era quente o dia era o equívoco das estações
era a música pequena da memória
estou no dia de hoje como num casaco largo demais
estou no país desta tarde estudei
na escola do enfado
você dobra a tarde como as mangas
da sua camisa branca
você desdobra a tarde como um guardanapo
lançado ao colo
você conhece os modos no que se refere às tardes
você sabe usar
os talheres da tarde
estou desconfortável no meu nome estou
na antessala do amor estou na estação
da espera queria distrair a morte

você conhece muitas coisas você sabe falar
sobre as coisas como esses bichos que conhecem
desde sempre as rotas ancestrais
como os pássaros que trazem impressos no corpo
os mapas migratórios você conhece a língua do amor
que eu soletro tão mal

É bom lembrar lembranças dos outros
como quem se oferece para carregar as compras de
[supermercado
de outra pessoa
é bom usar palavras que nunca usamos, palavras
que só conhecemos dos livros de botânica dos
[anúncios
de cruzeiros dos contratos de locação
é bom portanto usar palavras emprestadas
nem que seja para lembrar
que só temos palavras de segunda mão
é bom ficar de vez em quando para dormir
na casa de um amigo
usar uma velha camiseta dele habitar
alguns de seus hábitos
usar à noite se possível
um de seus sonhos recorrentes
é bom encontrar uma vez ou outra pessoas
que conhecemos na infância
é bom nos esforçarmos por um tempo
para parecer com a lembrança delas
é bom topar de repente com um tanto de areia
no bolso de uma calça jeans
que há tempos não usamos
seguir as instruções do horóscopo de um signo

que rege um dia em que não nascemos
vestir-nos de acordo com a previsão do tempo
de uma cidade que nunca pensamos visitar
é bom ao menos uma vez na vida fazer uma viagem
em companhia de um parente morto
é bom escrever de vez em quando poemas
com viagens por dentro
com cidades e memórias de paisagens por dentro
que pareçam escritos
por outra pessoa

Pense em quantos anos foram necessários para
[chegarmos a este ano
quantas cidades para chegar a esta cidade
e quantas mães, todas mortas, até tua mãe
quantas línguas até que a língua fosse esta
e quantos verões até precisamente este verão
este em que nos encontramos neste sítio
exato
à beira de um mar rigorosamente igual
a única coisa que não muda porque muda sempre
quantas tardes e praias vazias foram necessárias
[para chegarmos ao vazio
desta praia nesta tarde
quantas palavras até esta palavra, esta

O passado anda atrás de nós
como os detetives os cobradores os ladrões
o futuro anda na frente
como as crianças os guias de montanha
os maratonistas melhores
do que nós
salvo engano o futuro não se imprime
como o passado nas pedras nos móveis no rosto
das pessoas que conhecemos
o passado ao contrário dos gatos
não se limpa a si mesmo
aos cães domesticados se ensina
a andar sempre atrás do dono
mas os cães o passado só aparentemente nos
[pertencem
pense em como do lodo primeiro surgiu esta
[poltrona este livro
este besouro este vulcão este despenhadeiro
à frente de nós à frente deles
corre o cão

Há estes dias em que pressentimos na casa
a ruína da casa
e no corpo
a morte do corpo
e no amor
o fim do amor
estes dias
em que tomar o ônibus é no entanto perdê-lo
e chegar a tempo é já chegar demasiado tarde
não são coisas que se expliquem
apenas são dias em que de repente sabemos
o que sempre soubemos e todos sabem
que a madeira é apenas o que vem logo antes
da cinza
e por mais vidas que tenha
cada gato
é o cadáver de um gato

E no entanto
a ideia geral do sono
essa ilusão de recomeço
ter a cada dia que escolher as calças
e a cara
que poremos
alguma coisa que se aprende
mínima que seja
inútil que seja
uma pessoa vista pela segunda vez
uma palavra desconhecida
de repente encontrada
o fato de que amanhã virás
possivelmente

Aqui ao contrário do que se passa em certos filmes
não apareceu um barco para me arrancar à força de
                                                     [ti
enquanto esperarias de pé num porto improvável
e eu aos poucos compreenderia que quem parte
                                                  [afinal
não sou eu com a minha mala a minha coragem
que não é mais que um disfarce da tristeza
mas, na realidade, tu
com um vestido branco que nunca vestiste
tu, que quase não usas vestidos
e que, sendo de onde sou,
fora do poema eu nunca chamaria
de "tu"

# Senha e contrassenha

Uma palavra
deve-se pagar
com outra palavra
não necessariamente
do mesmo tamanho

um segredo se paga
com outro segredo
ainda que
inventado

isso não encontras
nos livros de etiqueta
nem nos manuais
de economia doméstica

a senha para entrar no teu corpo:
por que
por tanto tempo
me negaste?

# A imagem e a realidade

*Refletido de um poema de Manuel Bandeira*

Refletido na poça
do pátio
o arranha-céu cresce
para baixo
as pombas — quatro —
voam no céu seco
até que uma delas pousa
na poça
desfazendo a imagem

dos seus tantos andares
o arranha-céu
agora tem metade

# Amor não feito

No centro do que me lembro ficou
o amor não feito:
o que não foi rói o que foi
como a maresia

casa onde não morei país invisitado
praia inacessível avistada do alto
o que fazer do desejo
que não se gastou?

alegria não sentida amor não feito
prazer adiado *sine die*
palavra recolhida como um cão
vadio gesto interrompido beijo a seco

como parece banal agora
o que o barrou
compromissos decência covardia
não foi nada disso que ficou

mas precioso aceso
e perfeito
restou o desejo do amor
não feito

# Minas

Se eu encostasse
meu ouvido
no seu peito
ouviria o tumulto
do mar
o alarido estridente
dos banhistas
cegos de sol
o baque
das ondas
quando despencam
na praia

Vem
escuta
no meu peito
o silêncio
elementar
dos metais

# O que eu levo nos bolsos

Um isqueiro
amarelo
um pouco
de areia
moedas brilhantes
teu nome
anotado
num papel dobrado

minha praia
de bolso

um isqueiro
amarelo
um pouco
de areia
moedas brilhantes
teu nome
anotado
num papel dobrado

meu deserto
de bolso

# Mar

Ela disse
mar
disse
às vezes vêm coisas improváveis
não apenas sacolas plásticas papelão madeira
garrafas vazias camisinhas latas de cerveja
também sombrinhas sapatos ventiladores
e um sofá
ela disse
é possível olhar
por muito tempo
é aqui que venho
limpar os olhos
ela disse
aqueles que nasceram longe
do mar
aqueles que nunca viram
o mar
que ideia farão
do ilimitado?
que ideia farão
do perigo?
que ideia farão
de partir?
pensarão em tomar uma estrada longa

e não olhar para trás?
pensarão em rodovias
aeroportos
postos de fronteira?
quando disserem
quero me matar
pensarão em lâminas
revólveres
veneno?
pois eu só penso
no mar

# O que eu sei

Sei poucas coisas sei que ler
é uma coreografia
que concentrar-se é distrair-se
sei que primeiro se ama um nome sei
que o que se ama no amor é o nome do amor
sei poucas coisas esqueço rápido as coisas
que sei sei que esquecer é musical
sei que o que aprendi do mar não foi o mar
que só a morte ensina o que ela ensina
sei que é um mundo de medo de vizinhança
de sono de animais de medo
sei que as forças do convívio sobrevivem no tempo
apagando-se porém
sei que a desistência resiste
que esperar é violento
sei que a intimidade é o nome que se dá
a uma infinita distância
sei poucas coisas

# Centauro

> [...] *E morreu relativamente jovem — porque a parte animal mostrou-se menos capaz de durar que a sua humanidade*
> Joseph Brodsky, "Epitáfio para um centauro"

Como um velho centauro
cuja parte humana
sobrevivesse à parte animal
temos próteses, extensões
enfeites, móveis
que nos sobrevivem
levamos conosco
palavras que já não usamos
planos que já não temos
mulheres que não amamos
pai morto
cachorro morto
amigos mortos

como um velho centauro
que levasse a passeio
seu rabo
morto
de cão
seus olhos
mortos
de pássaro

# Sereia

Sereia
centauro
com sal

melhor é tua metade
animal

a parte humana sendo humana
sempre mente

só mesmo um peixe pode ser
contente

de nada te serviriam
joelhos ou pés

o que és é também
o que não és

nada
é o que fazes bem

metade do que sou
não sou também

# Ícaro

Quando Ícaro
caiu
no mar
a sereia que
primeiro
o encontrou
amou nele
o pássaro
ele amou nela
o peixe

Os restos de suas asas
desfeitas
foram dar na praia
entre embalagens
de plástico preservativos
garrafas vazias latas
de cerveja

# Fala

como quem arruma a mala
às pressas
e enfia nela não o que precisa
mas o que encontra mais à mão:

estas duas ou três palavras
frias demais para o inverno
muito quentes para o verão

# Museu

Se houvesse
um museu
de momentos

um inventário
de instantes

um monumento
para eventos
que nunca aconteceram

se houvesse
um arquivo
de agoras

um catálogo
de acasos

que guardasse por exemplo
o dia em que te vi atravessar a rua
com teu vestido mais veloz

se houvesse
um acervo
de acidentes

um herbário
de esperas

um zoológico
de ferozes alegrias

se houvesse
um depósito
de detalhes

um álbum
de fotografias
nunca tiradas

# Coleção

*Para Maria Esther Maciel*

Colecionamos objetos
mas não o espaço
entre os objetos

fotos
mas não o tempo
entre as fotos

selos
mas não
viagens

lepidópteros
mas não
seu voo

garrafas
mas não
a memória da sede

discos
mas nunca
o pequeno intervalo de silêncio
entre duas canções

# O livro das semelhanças

O modo como o seu nome dito muito baixo pode
                    [ser confundido com a palavra xícara
e como ele esquenta de dentro para fora
o modo como a palma das suas mãos se parece com
                            [porcelana trincada
o modo como ao levantar-se você lembra um
                            [grande felino
mas ao caminhar já não se parece com um animal
                    [mas com uma máquina rápida
e de costas sempre me lembra um navio partindo
embora de frente nunca pareça um navio chegando
o modo como dita por você a palavra "sim" parece
                            [uma palavra
que fizesse o mesmo sentido em todas as línguas
o modo como dita por você a palavra "não" parece
                            [uma palavra
que você acabou de inventar
o parentesco entre as fotografias rasgadas os
            [brinquedos esquecidos na chuva cartas
que deixamos de enviar produtos em liquidação
                [frases escritas entre parênteses
papel de presente as toalhas que acabamos de usar
                            [e massa de pão
e, mais importante, o parentesco de tudo isso
com o modo como você chama o táxi por telefone

a camisa branca que você acabou de despir sempre
           [me lembra um livro aberto ao sol
seus sapatos deixados na sala sempre me parecem
           [ensaiar os primeiros passos de dança
numa versão musical para o cinema do seu livro
                    [preferido
o modo como no seu apartamento as coisas sempre
              [parecem estar em casa
e você sempre parece estar de visita
e como você pede licença à penteadeira para chorar
o modo como as nossas conversas me lembram
         [bilhetes interceptados cardápios de
restaurantes exóticos rótulos de bebidas fortes
           [documentos comidos nas bordas
por filhotes de cão
o modo como os seus cabelos parecem as linhas de
            [um livro lido por uma criança
que ainda não sabe ler
ou apenas desenhos que alguém por equívoco
              [tomasse por escrita
o modo como os seus sonhos parecem os
        [pensamentos de pessoas que sobreviveram
a um desastre de avião
parecem as lembranças de um ex-boxeador
              [apaixonado
parecem os projetos de futuro de crianças muito
              [pequenas
parecem os contos de fadas preferidos de ditadores
            [sanguinários
os parentescos entre as guerras íntimas os jogos de
        [armar as primeiras viagens sem

os pais os países coloridos de vermelho no mapa-
        [-múndi pessoas que sempre esquecem
as chaves as primeiras palavras ditas pela manhã e a
        [disposição para usar a violência
o modo como apesar de tudo isso você não se
        [parece com ninguém
a não ser talvez com certas coisas
similares a nada

# Faca

Como chamar faca
tanto aquela
enfiada na fruta
quanto aquela
enfiada no peito?
como chamar fruta
tanto o sol polpudo da laranja
quanto a lua doce da lichia?
como chamar peito
tanto o peso oco do meu coração
quanto o peso oco do seu coração?

# Um dia

Não dormimos;
acreditamos que a noite
poderia ser substituída por cafés
e foi

as cabeças sob a lua
redondas

salvou-nos o pequeno restaurante aberto até tão
                                                    [tarde
guardando no seu coração uma sopa vermelho
vivo

você levava nos bolsos
moedas de três países

logo amanheceu como na capa
de um caderno

falávamos como se legendássemos
fotografias

queríamos tanto
tão pouco

tomamos o ônibus
no último minuto

viajamos
lado a lado
como numa edição
bilíngue

# O beijo

Ao me beijar
esqueceu uma palavra em minha boca

Devo guardá-la
embaixo da língua?
engoli-la como um comprimido
a seco?
mordê-la até sentir
seu gosto de fruta
estrangeira, especiaria, álcool
duvidoso?
devolvê-la
num beijo
a ele?
a outro?

É pequena e dura
mais salgada que doce
e amarga um pouco
no fim

# Poema não de amor

A partir de *Zoo ou cartas não de amor,*
de Vitor Chklóvski

Não vou falar de amor, vou falar do tempo que faz
dos animais do zoológico
de como eles não parecem tristes em suas jaulas
para onde os enviamos sem julgamento
vou falar do urso, da girafa, da morsa, do falcão
você me pede para não falar de amor
eis que tenho agora uma ocupação
não te ver, não te telefonar
não pensar em você
tudo isso dá algum trabalho
não vou falar de amor
vou falar do vento, das inundações,
do vinco das calças
dos meus amigos exilados
que viajam com malas cheias de livros
e manuscritos
de modo que mal se distinguem
seus ensaios e suas cuecas
vou falar sobre dançar
num transatlântico
sobre esse livro que se escreve
à roda do seu nome
todas essas coisas que não são o amor
não vou escrever cartas de amor
vou escrever cartas sobre cartas

cartas sobre cartas nas quais irrompe às vezes
uma história de exílio
uma parábola antiga
porque eu sei como é feito *Dom Quixote*
mas não sei escrever uma carta de amor
você me pede para não falar de amor
eu atendo porque devo te amar
em lugar de amar o meu amor
porque no amor não deve valer a lei do mais forte
nem mesmo a do mais forte amor
porque é solitário estar sozinho num dueto
não falar de amor me mantém ocupado
os animais do zoológico fazem isso melhor do que eu
eles não falam de amor, eles amam com suas plumas
e suas garras
também te amo com minhas garras e minhas plumas
é o que eu diria se este fosse um poema de amor
este é um poema não de amor

# Aparador

Sonho que estou de volta
ao primeiro apartamento
quando éramos jovens e tínhamos
muito menos coisas
e nem sabíamos que já éramos
felizes como pensávamos que seríamos
estás na minha memória
jovem e alegre como numa fotografia
talvez ainda mais jovem e mais alegre
mais jovem do que jamais foste
e mais alegre
usas uma presilha
no cabelo castanho e comprido
invejo a presilha
que está mais próxima do que eu
do teu pensamento
e dos teus cabelos
da tua cabeça de cabelo e pensamento
e invejo a fotografia
que se parece tanto contigo
talvez ainda mais do que tu mesma
ouço as juntas que estalam
como portas batendo
sou hoje uma chaleira, uma pá, uns óculos
esquecidos sobre o aparador

sou o aparador
esquecido de mim mesmo
sobre o aparador está tua fotografia
que nos sobreviverá

# Tenho quebrado copos

Tenho quebrado copos
é o que tenho feito
raramente me machuco embora uma vez sim
uma vez quebrei um copo com as mãos
era frágil demais foi o que pensei
era feito para quebrar-se foi o que pensei
e não: eu fui feita para quebrar
em geral eles apenas se espatifam
na pia entre a louça branca e os talheres
(esses não quebram nunca) ou no chão
espalhando-se então com um baque luminoso
tenho recolhido cacos
tenho observado brevemente seu formato
pensando que acontecer é irreversível
pensando em como é fácil destroçar
tenho embrulhado os cacos com jornal
para que ninguém se machuque
como minha mãe me ensinou
como se fosse mesmo possível
evitar os cortes
(mas que não seja eu a ferir)
tenho andado a tentar
não me ferir e não ferir os outros
enquanto esgoto o estoque de copos
mas não tenho quebrado minhas próprias mãos

golpeando os azulejos
não tenho passado a noite
deitada no chão de mármore
estudando as trocas de calor
não tenho mastigado o vidro
procurando separar na boca
o sabor do sangue o sabor do sabão
nem tenho feito uma oração
pelo destino variado
do que antes era um
e por minha força morre múltiplo
tenho quebrado copos
para isso parece deram-me mãos
tenho depois encontrado
cacos que não recolhi
e que identifico por um brilho súbito
no chão da cozinha de manhã
tenho andado com cuidado
com os olhos no chão
à procura de algo que brilhe
e tenho quebrado copos
é o que tenho feito

# Três vezes tu

Como as três cadeiras
de Joseph Kosuth
eis aqui:
três vezes tu

na fotografia
num vestido branco
saído do esquecimento
como do fundo de um armário

no envelope da cor
dos gatos à noite
tu, teu nome
escrito à mão

a mesma mão que agora
toma o envelope das minhas
eis afinal
tu, tu mesma

num outro vestido
e com um sorriso
emprestado
da fotografia

# Uma caminhada noturna

Os animais existem durante a noite
ou durante o dia
eles têm modos próprios de existir
há um modo cão de existir no dia
um modo águia ou cavalo ou búfalo
e um pássaro está tão à vontade
na noite quanto na floresta
mas nós podemos trocar
a noite pelo dia
e andar sem destino sob as luzes da rua
e a lua alta
e todos os soníferos todos os venenos
todos os banhos quentes e as massagens
e os cremes e os chás não nos darão
uma noite de arminho ou de serpente
há insônias planejadas e noites que se estendem
como uma luva longa
penso em tudo o que existe
e no pouco que sabemos sobre tudo
mas penso sobretudo
em seu sexo
e seu sexo resplandece
sobre o pensamento de tudo
amo em você principalmente o gesto útil
as mãos cheias de sal

seu jeito de dirigir um automóvel austero
sua casa que não é um amontoado de tijolos
sua casa em que as coisas encontram
incandescentes
seus lugares
a mesa e as cadeiras e as cortinas
enquanto os espelhos pensam
a si mesmos
mas eu
desperto tarde demais e afogada na cama
como entre lençóis de água
e quando estou com você é como se estivesse
em uma escada alta
penso que o seu corpo imita a praia luminosa
da sua infância
e penso que nunca poderei conhecer você
quando criança
e queria beber em seus lábios
a sua sede de então
penso
com os prédios à direita
e o mar à esquerda
que um dia o amor terminará
e penso que isso não é triste
para o mar
penso que o mar não escolhe
entre a nau e o naufrágio
como para a primavera é indiferente
o mel ou as abelhas
como as mulheres que foram amadas

em duas línguas
os pássaros enlouquecem em pleno voo
o desejo é imenso e no entanto
penso
também não durará

# O que já se disse do amor

Prisão antiga
fábula somente
cogitação imoderada
contentamento descontente
viva morte
deleitoso mal
o tirano
beijo tácito &
sede infinita
palavra inventada
para rimar com dor
coisa aprendida
nos poemas de amor

# Poema de trás para frente

A memória lê o dia
de trás para frente

acendo um poema em outro poema
como quem acende um cigarro no outro

que vestígio deixamos
do que não fizemos?
como os buracos funcionam?

somos cada vez mais jovens
nas fotografias

de trás para frente
a memória lê o dia

1ª EDIÇÃO [2015] 12 reimpressões

ESTA OBRA FOI COMPOSTA POR ACOMTE EM MERIDIEN E
IMPRESSA PELA GRÁFICA BARTIRA EM OFSETE SOBRE PAPEL PÓLEN BOLD
DA SUZANO S.A. PARA A EDITORA SCHWARCZ EM JUNHO DE 2024

A marca FSC® é a garantia de que a madeira utilizada na fabricação do papel deste livro provém de florestas que foram gerenciadas de maneira ambientalmente correta, socialmente justa e economicamente viável, além de outras fontes de origem controlada.